Juan Luis Vives

VIDA Y COSTUMBRES DEL HUMANISTA

Edición de José Luis Trullo

CULTURA

1ª ed., julio de 2024

Edición de José Luis Trullo a partir
de la traducción de Lorenzo Riber

Thema: QDTQ

Imagen de portada:
Autor anónimo, Retrato de Juan Luis Vives (s. XVII)

© Cypress Cultura

ISBN: 978-84-128625-5-3
Depósito legal: SE 1542-2024

IMPRESO EN LA UNIÓN EUROPEA

NOTA DEL EDITOR

Aunque la figura de Juan Luis Vives goza en la actualidad de un indudable reconocimiento y su obra ha sido publicada con el rigor y la minuciosidad que merece, es dudoso que sus principales aportaciones a la historia del pensamiento hayan pasado a formar parte del acervo común (destino natural, y deseable, de cualquier humanista que se precie). Por el contrario, apenas se le reconoce su papel en la forja de ciertos conceptos genéricos en materia de pedagogía, psicología y servicios sociales, mientras que permanecen en la sombra otros de carácter filosófico y teológico de indudable interés intrínseco. Esto resulta alarmante en lo concerniente a propuestas netamente vivistas: me refiero a aquellas que apuestan por un saber comprometido con la vida que se nos antojan de gran actualidad, pues si algo se ha perdido en la Modernidad ha sido, justamente, la alianza indisoluble que caracteriza el auténtico humanismo entre teoría y práctica, reflexión y acción, filosofía y moral. Con las críticas kantianas se sanciona la drástica separación entre los ámbitos propios del hombre... y de aquellos polvos, estos lodos de los que hoy en día nos lamentamos muchos, con una erudición estéril para la vida coexistiendo espalda con espalda con una sociedad desnortada, irreflexiva, para la cual el conocimiento ha perdido cualquier densidad existencial quedando confinado entre los muros de una academia más preocupada por producir *papers* que por contribuir a la mejora de la sociedad a la que pertenece. Bien es verdad que, en la época de Vives, tampoco la universidad era un semillero de ideas humanistas, y hay quien postula que el perfil de esta instituición le inhabilita para asumir el protagonismo en dicho ámbito. Sea como fuere, siguen siendo pertinentes los llamamientos de los humanistas del pasado para aunar los saberes y ponerlos al servicio de la mejora integral de las personas, y no sólo en el orden material, sino intelectual, espiritual y moral.

En este contexto, unas páginas como las que ahora se reeditan (el capítulo final de *Sobre las disciplinas*) pueden aportar útiles perspectivas en el debate en torno a la función del intelectual en una sociedad abierta, así como incidir en su perfil ético centrado en valores poco vigentes en nuestra época: humildad, bonhomía, generosidad, unidos a la capacidad de aceptar las propias limitaciones y de aceptar los hallazgos ajenos, no son frecuentes entre nuestros investigadores y docentes, urgidos a una competitidad impropia de un mundo en el que deberían imperar los afanes cooperativos y, sí, fraternales. De hecho, el humanismo cristiano que impregna las páginas que siguen vuelve a mostrarlo como el paradigma capaz de aunar de nuevo todo aquello que la Modernidad ha separado, con su secularismo desaforado y su aversión a una trascendencia sin la cual, cabe admitirlo ya, el ser humano pierde la capacidad de percibirse como lo que es: una criatura eminente, ontológicamente superior al cosmos en el que nace, crece, se reproduce y muere, y destinada a esas "altas metas" a las que apelaba Cicerón y que para las cuales los humanistas nos sabemos indefectiblemente llamados.

José Luis Trullo

I

Acabada la carrera y recorrido el anchuroso estadio de las letras humanas, declaremos ya de una vez lo que, en nuestro sentir, tiene que hacer el humanista; cómo debe pasar el tiempo que la vida le reserve, aisladamente, consigo mismo y en relación con los otros; en la profesión y práctica de su arte y en el ejercico de su enseñanza, cómo se comportará con los que profesan esa misma arte y disciplina y cómo recibirá las opiniones y censuras que le afecten; qué forma escrita dará a sus lucubraciones y cómo las transmitirá a la posteridad. No seguirá cada una de las disciplinas por el mismo orden con que las hemos ido estudiando, de manera que, tras haber pasado a un estudio posterior, piense ser pecado evitando volver los ojos al anterior. Relacionará unos estudios con otros, pues todos ellos tienen entre sí alguna coherencia y parentesco, volverá a tomar en sus manos algunas de ellas, porque de ellas tendrá necesidad inmediata, y tomará algunas otras para alivio y recreación del agobiador trabajo presente. Será afanoso de saber y jamás le pasará por las mientes haber llegado a la cumbre y al cabo de la erudición. Rebosa muy aguda verdad aquella sentencia de Séneca, a saber: que muchos podrían buenamente llegar a la sabiduría, si no se hubieran persuadido de haber llegado ya. Y el mismo Séneca, en una de sus cartas a Lucilio, dice: *Debes ir aprendiendo mientras dure tu ignorancia*; y, si creemos el proverbio, *mientras dure tu vida*. En realidad, no hay en la naturaleza conocimiento tan asequible y fácil que no pueda entretener todo el espacio de la vida mortal. No dudará el hombre deseoso de saber en aprender de quienquiera tenga algo que enseñar. ¿Por qué sinrazón un hombre ha de avergonzarse de aprender de otro, siendo así que el género humano no se avergonzó de aprender muchas cosas de las bestias? Hay que estudiar con tal templanza que el ingenio no quede aplomado y sepultado bajo la pesadumbre de la tarea, y asimismo con mucho tiento de nuestra salud y la de aquellos que están confiados a nuestra vigilancia.

Acontece que los sabios, cuando entienden que llevan ventaja sobre los demás en ingenio, en consejo, en conocimientos (o, al menos, ellos así se lo imaginan), se dan grandes humos, y tufos y copetes, como si se vieran condenados a vivir con inferiores. Es una cosa increíble el empuje y la valentía con que se empina la arrogancia. Santamente dijo el Apóstol San Pablo que *la ciencia hincha a los hombres y la caridad los edifica*. Meterá los ojos en sí mismo el seguidor de la sabiduría y no dará mayor asentimiento al testimonio ajeno que al incorruptible y callado testimonio de su conciencia. Ponderará consigo mismo con frecuencia la gran cantidad de cosas que ignora y que los otros no tienen la menor duda de que las conoce. ¡Cuántas veces se deja alucinar, cuántas veces resbala y se engaña y se aparta de la verdad a una distancia infinita! No sin una muy grave causa y razón Sócrates, a quien el unánime consentimiento de toda la Grecia llamó *el sabio* por antonomasia, pregonaba con una total convicción que ni él ni ningún otro sabía cosa alguna, afirmación rotunda que hizo suya luego una muy nutrida secuela de filósofos, que la retiene con muy consecuente tenacidad. En efecto, si se examina con detenimiento una cosa tras otra, uno hallará que nada es por nosotros conocido con mayor certidumbre que la religión. Merecidamente alábase la famosa sentencia de Teofrasto: *Que todo cuanto saben todos los sabios juntos es una muy pequeñísima porción de lo que ignoran.* Incidir aún más en esa triste verdad no entra en mi actual propósito. ¿Y qué, si, por decirlo así, pondera y analiza todas las cosas una por una y las somete a estricto examen? ¡Cómo aquellos títulos ambiciosos y magnificientes comenzarán a envilecerse ante sus ojos! Las lenguas, ¿qué otra cosa son, sino voces? ¿Ni qué importa, prescindiendo de las disciplinas, que sepas griego y latín, español o francés? La dialéctica y la retórica son instrumentos de las artes, no artes propiamente, y mejor las enseña la naturaleza que el maestro. Toda la filosofía se reduce a opiniones y conjeturas de verosimilitud; exponerlas metódicamente no es propio de este lugar.

Pero, bueno, seamos generosos y concedamos que sabes algo de cierto y constatado: ¿ignoras acaso que ha sido gracias a la bondad ajena? ¿Por qué te jactas de un vestido que se te prestó? Si algo bueno tienes, ajeno es; si algo malo, te pertenece en exclusiva. ¿Te crees instruido? Don de Dios es, a quien suplantas si no reviertes sobre Él la gloria que recibes. A mí no me repugna que un varón docto se reconozca como tal y aún más sabio que los otros, pues no sería docto ni sabio si no lo percibiera. Lo que sí quiero es que reconozca los límites de esa sabiduría y que la refiera a Aquel de quien la recibió y de quien la posee como en depósito. Si atestigua la admiración que produce, que no se detenga en sí mismo, que es muy peligroso el encumbrarse, ni derribe sus ojos al suelo para aplaudirse y halagarse a sí mismo con aquel honor que los hombres le tributan como si se lo hubiese granjeado por su propio merecimiento y valía; lo que equivale, en expresión de Job, a besar su propia mano, que es la más grande iniquidad y una negación contra el Dios altísimo. En cuatro elementos estriba la erudición, a saber: ingenio, juicio, memoria, estudio. Y dime, por favor: los tres primeros, ¿de dónde los obtienes? De Dios, ¿no? Sí alguna partícula de alabanza corresponde al varón docto, procede del estudio, que es el de menor valor, y el más baladí de todos. ¿Y qué decir, si a él te ayuda tu constitución física, no pesada ni torpe, y también la salud, todos ellos dones ubérrimos de Dios?

¿Qué cosa le queda, pues, al docto que sea completamente personal y pueda darle motivos de engreimiento? ¿Que lo quiso? Pero ¡cuántos habrían querido, si la bondad de Dios hubiera sido tan larga para con ellos como para contigo! Levántese, pues, el sabio muy por encima de esas rastreras alabanzas suyas a la contemplación de aquella santa y divina sabiduría, con cuyo más bajo fondo, como San Pablo dice, comparada toda la sabiduría humana, es pura locura. Despierte el alma dormida, avive el seso y considere que si los hombres se impresionan tanto por el aspecto de una gota pequeñísima, ¿qué harían si se les concediera aquel eterno y copiosísimo manantial donde todas las cosas tienen su origen? Tras esto, adore con espíritu de humildad al soberano Autor de tantos dones con espíritu agradecido, porque se dignó concederle sus dones con mayor abundancia que a otros y por haber querido que fuese él instrumento de alguna parte de su consejo y de su Obra, pues todos nosotros somos instrumentos de su voluntad. Por todas estas consideraciones, no haya hombre mortal dotado de tanta erudición y conocimiento de las cosas que piense que Dios necesita de él para dar efectividad a sus soberanos consejos. En primer lugar, porque es de la más desmesurada arrogancia el pensar que tú puedas dar algún rendimiento que no sea capaz de darlo ningún otro si a ello aplica su interés y su atención, y después, que Dios no necesita para sus actuaciones más instrumentos que del barro para iluminar los ojos del ciego, y de las piedras con que suscitar hijos de Abraham, y que escogió lo flaco del mundo para confundir lo fuerte. Y si tú, varón descollado e ilustre, por tu sabiduría saliste tan grande por beneficio de Dios, no cabe duda de que, si en cualquier otro depositase semejante favor, resultará también semejante.

Por todo ello, se debe pedir a Aquel que todo lo da con mano larga y por mediación nuestra ejecuta todo cuanto le parece bien, que nuestra erudición nos sea especialmente provechosa; que no nos haga instrumentos para el bien ajeno y para perdición personal nuestra, no nos ocurra lo que a los malos médicos, que curan a los otros pero no a sí mismos, o a los que tañen la trompa bélica y exhortan a los otros a una batalla en la que ellos no participan, o a los caudillos que alumbran a los otros mientras ellos se consumen en su propia lumbre. Así que todas las veces que nos recojamos para el estudio, inaugurémoslo con la oración, como es fama que lo hicieron Santo Tomás de Aquino y otros muchísimos varones sabios y santos. Y lo que debemos pedir al Cielo es que sean sanos nuestros estudios para nosotros y para toda la comunidad, no dañinos a nadie. Por lo demás, si a todas las acciones humanas cabe proponer una finalidad, con cuánta mayor razón señalar un blanco a los estudios para conocer a ciencia cierta hacia dónde se encamina nuestra labor. Y no hemos de consagrarnos al estudio exclusivamente por el estudio ni porque el espíritu sin ley y sin riesgo se recree y goce con el placer vano de la contemplación egoísta y el conocimiento interesado de las cosas. Sócrates dice no tener tiempo para la interpretación de las fábulas poéticas, porque todavía no se conoce a sí mismo y es cosa ridícula que quien se ignora a sí mismo se dedique a escudriñar lo ajeno; y mucho menos el fruto del estudio debe medirse por el dinero que produzca, que los hombres sesudos consideran ser el más abyecto y el más indigno fin del ingenio y el que más se aparta de su verdadero y sano objetivo. No hay cosa tan ajena a las letras como la codicia o la preocupación por el dinero. Si alguno pone en ello su mira, hará bien en abandonar instantáneamente el afán del saber que de buena fe no se confía sino a los pechos libres y exentos de aquella pasión.

Primero enriquecer, se dice, *y luego filosofar*. ¡De ninguna manera! Todo lo contrario: filosofar primero y luego enriquecer. Si enriqueces antes, no querrás filosofar luego, y andarás solícito y desalado en pos de la riqueza, distraído en mil vicios, ignorando el buen uso de las riquezas y horro y ayuno de toda filosofía. Pero si primero filosofas, te será llano después el camino para enriquecerte lo bastante. Nadie puede alegar excusa de interesarse por la filosofía, puesto que ella misma le impele al estudio de la sabiduría. Tiene que filosofar el pobre, porque no posee para que la pobreza le sea más llevadera, y tiene que filosofar el rico, porque posee y para administrar más cuerdamente sus bienes. Filosofará el que sea feliz para gobernar con seso su fortuna, y el infeliz para soportar con resignación su infortunio.

Por lo que toca al ejercicio de las artes, cuanto mayor es el mal que su prostitución ocasiona a los hombres, tanto menos conviene que se ejerzan por la paga, como es el caso del derecho, de la medicina o de la teología. El varón docto no trabajará por alzarse con el gobierno de la república, aun cuando debe desear ser provechoso a los demás y no pensar nunca que ha nacido exclusivamente para sí mismo, como ya lo advirtió Platón, el filósofo de la antigüedad. A esto mira también aquello del Apóstol: *Si alguno apetece obispado, buena obra apetece*, al menos para que ocupe el puesto un bueno y no un malo. Con todo, no tiene la misma fuerza ni la misma gracia el intruso que el llamado. En este último caso, que estudie con diligencia las disposiciones de sus ciudadanos: si están sanos, si son sanables y si en algún punto puede serles de provecho, no rehúya el trabajo; pero si intuye que el esfuerzo que debería realizar habría de resultar infructuoso y estéril, absténgase de él en absoluto, como dicen que hizo Platón, porque desistió de reducir la mente de su pueblo a estado alguno de equilibrio y de salud moral.

Las más de las veces los corazones de los príncipes están de tal manera estragados, y por la propia embriaguez de su fortuna tan fuera de sí, que no puede reformarlos y mejorarlos régimen alguno, por ásperos y refractarios a toda medicina; en tal caso, se les ha de dejar que campen a sus anchas, como dice Jesucristo, aquellos ciegos y conductores de ciegos. Dirijamos en tal caso nuestros cuidados y nuestros desvelos al pueblo, que es más tratable y se ofrece más obediente y dócil a las manos de quien lo cura. Esto fue puntualmente lo que hizo el mismo Cristo, a cuyos ojos no vale más el príncipe más engreído que el villano más ruin. No hay cosa que más envilezca el lustre de las artes como la ligereza de determinados pedantes que lisonjean sin ambages a los príncipes, de lo cual tenemos más ejemplos nuevos que viejos. No se abajan, no, a tan viles oficiosidades los sabios auténticos; el pueblo, en su sencillez, no hace tales distinciones, pues tiene por sabios a todos los que ve que hablan o que escriben en un idioma más o menos parecido al latín.

Pero los que hacen esto defiéndense con ese color y se excusan con que ellos deben no declarar como ellos son, sino demostrar cómo deben ser. Diluido y quebrado color es ese que los otros no aciertan a descubrir. Por ello, condenan en bloque por aduladores a todos los letrados y aun a las mismas buenas letras, y abominan de quien recomienda al príncipe malvado como el más virtuoso de los príncipes. Y aun el mismo príncipe, imbuido de una aviesa opinión de sí mismo, se convence que es real lo que interesadamente se le dice. Así, día a día se torna más arrogante y más intolerable, y se obstina y encallece más en aquella norma de vida que le proporciona tanta gloria que los varones doctos estiman necesario que quede consignada y eternizada en monumentos literarios.

Si los varones estudiosos no se hubieran acostumbrado a adular a los príncipes, éstos apreciarían más y gozarían vivísimamente al ser alabados, según el dicho del poeta arcaico, por varones que merecieron alabanzas. La misma reprensión sería de mayor peso y de más activa eficacia y no sería recibida la aprobación del varón docto con menos autoridad que el muy grave testimonio de un testigo insobornable. Y no menos los príncipes que cualquier otra persona privada considerarían que en esta vida es un premio harto glorioso de su virtud el merecer la aprobación de un doctorado en letras de humanidad; pero, desgraciadamente, hoy día tal andan las cosas que no conceden ningún valor a lo que saben que pueden comprar con un maravedí, o incluso con un desdeñoso mendrugo de pan. Así que, si se da la circunstancia de que tengamos que alabarlos, lo haremos con reservada parsimonia, de modo que entiendan que más se les exhorta y se les anima a seguir por el buen camino, que no que se les felicita por haber terminado su misión con éxito. Cuando intuuyas con algún fundamento que la severidad ha de hacerle bien, reprende sus vicios con libertad, sin excesiva acritud y sin asomo de indignación; pero si crees que no vas a obtener más que animadversión, ceja en ese apostolado estéril. Nunca jamás te humilles a dorar los vicios de los poderosos o de cualquiera que sea, por esperanza de galardón o por otra codicia inconfesable, porque ello es una maldad muy grande, pues con esa conducta consigues que obren mal con redoblada audacia ellos mismos y aun otros por su ejemplo, al constatar la aprobación de un hombre de letras.

Otros hay que, mediante el estudio, no cazan dinero, sino gloria. No tengo reparo alguno en afirmar la mayor generosidad de este empeño, que si durante la juventud es un poderoso aguijón de acciones honestas, en los años maduros puede ser causa y origen de muchos males, como en otro lugar demostré, porque hacemos todas las concesiones a los ojos de los que nos miran y ninguna a la conciencia, que es el juez más atento, severo e incorruptible que pueda existir. Así que muchas veces nos vemos despojados de la gloria ya granjeada porque quien había juzgado falsamente de nosotros reconoce más tarde su equivocación o comienza a ser víctima de engaño el que nos había juzgado con acierto. Lo más frecuente es que las opiniones erradas se tornen favorables porque el tiempo confirma lo verdadero y macizo y disipa y consume lo que es huero e inane. Por esto, hay que renunciar a la esperanza de conseguir gloria futura afianzada en el vano favor de los vivos y en cierto color y especiosidad de actos ilustres, pues tan pronto como se calman aquellos movimientos pasionales, la cordura ocupa el vacío que ellos dejan. Es conocido el caso de muchos que en vida fueron muy considerados y loados, pero después de su muerte fueron vilipendiados y desdeñados. Únase aquello otro a lo que aludí antes: que el tiempo borra las opiniones erradas y corrobora los juicios rectos. ¡Qué incierta es la fama, qué endeble! Muchos que se prometían la inmortalidad, no pudieron conseguir la duración: es el caso de Apión el gramático, quien, según leemos en Plinio, decía garantizar la inmortalidad de aquellos a quienes dedicaba alguna obra, siendo así que no queda de él ni una sola letra. ¡Y qué injusta es para con aquellos que la tenían bien ganada! Perviven las obras de Ovidio pero no las de Crisipo ni las de Crantor. Nos ha llegado todo entero Vicente de Beauvais, pero despedazados Tito Livio, Polibio, Marco Varrón y el mismo Marco Tulio. No sin razón pudo escribir Marcial: *Libro que ha de vivir necesita de un genio que le defienda.* Precisa un ángel de la guarda, para decirlo en cristiano.

Añade a todo esto cómo las cosas, según las épocas y los lugares, parecen hermosas u horrorosas. Por no hablar de cómo los más sensacionales descubrimientos quedan oscurecidos por el ingenio y las afortunadas tentativas de los que han venido después, de manera que muchos de los que fueron pioneros se vieron privados de su brillo por los que les han sucedido, del mismo modo que sobre un edificio antiguo proyecta su sombra uno más reciente y elevado. Pero, incluso si has conseguido la celebridad, la alabanza, la gloria, ¿qué provecho te harán una vez que hayas muerto? Nada sentirás, nada sabrás de cuanto aquí se haga, ciertamente no más que el caballo que es proclamado vencedor en las Olimpíadas o la pintura de Apeles que contemplamos con tanta admiración. ¿Qué le rinde a Cicerón o a Aristóteles su nombre glorioso? ¿Qué ganan los otros ilustres por sus letras o por sus armas? Y aun en esa misma vida, ¿qué sabrás de tu gloria, si estás ausente? ¿Y qué, si estás dormido? Y por lo que se refiere al momento, fuerza es que los que te alaban a la cara sean vanos ellos o lo seas tú, que oyes con gusto sus lisonjas. A fin de cuentas, ¿qué dirán? ¡Qué saber el tuyo! ¡Qué elocuencia! Exclamaciones éstas que significan, traducidas a la realidad: ¡Oh, hombre más liviano que un vilo o una paja, si te contentas con ese airecillo como premio de todos tus estudios! Pero si tú, con un enérgico desdén de todas las humanas alabanzas, quieres servir a tu conciencia y por ella a Dios, ¡cuánto más sólida y más duradera gloria acarrearás si te alaba Dios vivo, mientras vives, presente en presencia tuya, inmortal a ti, que también lo eres; Dios, que siempre te está mirando; Dios, que te va a juzgar, no por una falsa información, sino por tu propio testimonio: *No el que a sí mismo se alaba es aprobado* –dice el Apóstol–, *sino aquel a quien Dios alaba.*

Toda persona ilustrada debe pensar con frecuencia en la forzosa partida de este mundo y en la vida del cielo no perecedera, y ello con tanta y tan continua intensidad, que llegue a hacerse familiar el pensamiento de la muerte, cuyo recuerdo no produzca ya terror alguno. Enseguida le vendrá a las mientes el soberano Juez, remunerador de cada una de las obras humanas, a cuya presencia él mismo, muy en breve, tiene que comparecer cuando acabe la comedia y la hipocresía de la vida, y cuya aprobación debe ser su afán único. ¿A quién desea hacerse acepto, si tiene un adarme de cordura, el reo o el patrono, si no a su juez? ¿A quién quiere agradar el atleta, el púgil, todo aquel que actúa bajo la mirada del árbitro? A un antiguo poeta griego que declamaba su poema le abandonó todo el público, pero se quedó plantado en su sitio Platón, y suplió él solo con enorme ventaja a todo el pueblo ateniense. Y lo que fue Platón para el poeta desairado, ¿no lo será para nosotros Cristo, que es la Sabiduría de Dios? Gran cosa es, dice el refrán, que un atleta sea del gusto de Hércules. ¡Cuánto más no lo será que nosotros lo seamos de Dios, de quien serás alabado cuantas veces le seas grato! Y, ciertamente, ninguna cosa puede serle más grata como que pongamos nuestra erudición y todos los otros dones que nos concedió al servicio y provecho de los hombres, es decir, de sus hijos, a quienes Él dispensó con mano larga bienes sin cuento para la recíproca utilidad y quiere que distribuyamos de balde lo que de balde recibimos de Él, aunque de aquello mismo que nos dio con irrestañable liberalidad, nos devuelve compensaciones riquísimas. ¡Maravillosa benignidad de Dios, que remunera amplísimamente aquello mismo que nos dio gratuitamente, si se lo devolvemos!

Ese es, pues, el punto de todos los estudios; ese, el objetivo y la finalidad, a saber: que una vez buscadas y halladas las artes provechosas a la vida, las ejercitemos para el bien público, de lo cual se sigue un perdurable galardón, no para granjear dinero, ni para conseguir ventajas temporales o para encenagarnos en placeres que son deleznables y efímeros. ¿Es que acaso sería recta nuestra vida y rectos nuestros avisos si viviéramos sin más ideal que el del dinero y conmutáramos una tan rica dádiva de Dios por un precio tan ruin? ¿Vale este trueque la gloria? Mísero de mí, si corro tras ellos con la lengua fuera, puesto que es harto espinosa su posesión, es incierta, es fugaz y no hay servidumbre equiparable a la suya. Y más mísero todavía si con una tan rica y sagrada medalla compro los lisonjeros rumorcillos del pueblo y prefiero ser alabado por los mortales por el único que detenta la inmortalidad; por los necios, y no por quien es la misma Sabiduría. ¡Ay, que con anzuelo de oro pescamos anguilas en descomposición!

Con absoluta pureza intencional deben ejercitarse las artes que llaman de humanidades para la misma utilidad práctica para la que Dios las comunicó. Aunque no siempre se ha de aprender ni trasladar a la vida la doctrina, pues infinito es por sí mismo cualquier estudio, es nuestro deber quitar de él alguna parte para aplicarla al provecho y comodidad ajena. En este punto se requiere alguna prudencia, porque el ejercicio versa sobre cosas singulares y separadas, gobernadas por la prudencia, que es la estimadora y árbitra de todas las circunstancias.

II

Precisado a salir al encuentro y a la vista de los hombres el varón formado en letras humanas, hágalo apercibido y armado como para una lucha para no caer preso de ninguna de las malas pasiones que por todos lados nos embisten y nos atacan. Quien tantas veces es escuchado por otros, hágalo a sí mismo alguna: fortalezca su propio espíritu con grandes y eficaces pensamientos que le inspiren el desdén por las honras y dignidades humanas. Recuerde aquellas palabras brotadas de la boca del Señor, a saber: que es la sal de la tierra y es la luz del mundo; que no hay incongruencia mayor que el que la sal sea insípida o tenebrosa la luz. ¿Cómo pensamos que va a ser lo que con aquella sal se sazone o se alumbre con aquella luz? Salga, pues, aprovisionado y armado de razones con que pueda resistir los asaltos del enemigo agresivo y belicoso; derrame a su paso verdaderamente sal y luz, por la compostura de su ánimo, por el dominio de sus pasiones, por sus palabras sazonadas de discreción y oportunidad, de manera que su saber no resulte extemporáneo e impertinente y, por ello, afectado y enojoso, sino que en todas las ocasiones en que se manifieste aparezca como una suerte de salud para los que le rodean. La modestia y la templanza decorarán los gestos y ademanes de todo su cuerpo, y decorarán sus dichos y sus hechos la gravedad y la firmeza, y así pueda ser ejemplo a los demás para una norma de vida. Mucho persuadirá su palabra, pero muchísimo más la pureza de su vida; y para que más esmerado e inocente le salga todo, advierta siempre que no dice palabra ni hace cosa a la que no se le conceda autoridad y que no sea tomada como ejemplo y edificación por los buenos que piensan ser aquella ley y canon de vida, y por los malévolos y envidiosos para el examen avieso y la crítica sombría. Por eso, será más precavido en el obrar y más cauto en el sentenciar, y en el hablar absolutamente circunspecto.

Gracias a ese humanista ideal, serán loadas las letras y las artes, y muchos se sentirán movidos por su ejemplo y se consagrarán a esos mismos estudios, cuyo fruto tienen delante de los ojos tan bello, tan envidiable. ¡Qué gran motivo de empacho tienen las personas ilustradas cuando ven a otras por lo común de harto más pocas luces, que ejercen mayor soberanía sobre los movimientos de su ánimo que ellos mismos, y que andan rodeados de una nutrida escolta de preceptos de sabiduría. Por esa anomalía, muchas veces sufren menoscabo las humanidades y se hacen aborrecibles a muchos que llegan a pensar que vivirán más cuerdamente si no tienen con ellas el menor contacto.

Por lo demás, los bienes y ventajas que los varones doctos ofrecerán a las miradas de los hombres deben tener más efectividad que alarde, pues acaba por delatarse a sí mismo el hipócrita, y resulta tanto más odioso y detestable cuanto más duradero y grave fue el engaño en que estuvo enmascarado. Poderosas y sólidas son las raíces de la verdad, y la luz, por más que se la oculte, siempre emite algunos destellos. Sabiamente afirma Epicteto: *Las ovejas no alardean delante del pastor de lo que han pastado cada día, sino que lo demuestran con sus productos: leche, lana, crías.*

La turba de los estudiosos llama feliz y dorado al siglo que abunda en erudición, pero no es ello lo que vale, sino cuando los hombres doctos traducen a la realidad de la vida la doctrina que leyeron, que profesan, que preceptúan a los otros; cuando los que los oyen y los ven se sienten obligados a exclamar: *Estos son los que hablan como viven y viven como hablan*, cosa que dice Eusebio dijeron de Orígenes Adamancio los filósofos contemporáneos. No te avergüences de hacer con poca maña lo que no puedes hacer mejor; avergüénzate, sí, de hacer mal lo que puedes hacer bien. Las personas letradas se mostrarán amables, afables, templadas, superiores a toda pasión torcida, y serán un vivo ejemplo de todo cuanto puede hacer la sabiduría si reina en el pecho del hombre, y cuán grande es la distancia que va del sabio al necio. En grandes e ilustres empresas conténtense con la generosa voluntad; no pretendan que se les tenga por grandes en todo: en las armas, en la equitación, en la caza, en la pesca, en la danza, en los juegos, en la locuacidad procaz o trivial. Eso es propio de eruditos frívolos y parlanchines, no de verdaderos sabios; se cubren de ridículo los que quieren juzgar de dichas habilidades no menos que de la sabiduría, porque así como desde la luz nada vemos en la oscuridad, ni de la oscuridad en la luz, así no es de admirar que sufran alucinación los sabios entregados a las bagatelas. También los baladrones, en la sabiduría, andan a ciegas. La misión del erudito consiste en comunicar esa misma erudición a los demás y encender en otras mentes lumbre de su misma lumbre. Por ello se dice en la visión de Daniel que quienes enseñen a muchos la erudición de la justicia, brillarán como luceros en perpetuas eternidades; y Nuestro Señor Jesucristo dice que será llamado grande en los cielos quien practique personalmente los preceptos de la justicia y los enseñe a otros.

En nuestra misión docente, ¿qué maestro hemos de imitar y seguir, sino a aquel mismo Cristo que el Padre envió del Cielo para enseñar al linaje humano? Después de ese Maestro Divino, a distancia muy grande hemos de imitar a aquellos que siguieron las pisadas de Cristo. Cristo, aun cuando era la sabiduría de Dios, sólo reveló aquellas verdades que habían de aprovechar a quien las oiga, pero no las que descubriesen cuánta era su grandeza. Si hubiese ostentado su gloria y hubiera querido manifestarse en plenitud a sí mismo, ¡qué maravillas no habría revelado que superarían todo alcance humano y aun angélico! Pero todas sus pláticas iban enderezadas a nuestro bien, no a la ostentación suya.

Tampoco hemos de buscar regalos y deleites. Opina Plinio que en los estudios escogen la mejor parte aquellos que, no dejándose doblegar por ninguna suerte de dificultades, prefirieron la utilidad de la ayuda a la popularidad del agrado. Se contentó el Señor con unos pocos discípulos mientras enseñaba al mundo la sabiduría de Dios y el camino de la vida eterna. ¿Quién podrá quejarse del número escaso de sus oyentes, si el Autor del humano linaje se resignó a un discipulado de doce hombres? Está hecha más a servir a un auditorio nutrido la ambición que la serenidad de la enseñanza.

Por lo demás, acerca de la escuela nos quedan esas sentencias de los antiguos, que son verdaderos oráculos: *Se ha de enseñar sin querella y aprender sin rubor; el maes-*

tro es siempre acreedor a la gratitud; nadie debe atribuir-
se a sí mismo los descubrimientos ajenos.

Pensará el varón sabio que este mundo viene a ser una ciudad, de la cual él es ciudadano, o una mansión grandiosa, a cuya familia él pertenece. Pensará que no importa la individualidad de quien dijo una cosa bien, siempre que esté bien dicha. Pensará que aquí se granjean las riquezas y que aquí se dejan para el bien público; procúrense y transmítanse: su procedencia no tiene importancia alguna. Por todo ello, él atesorará erudición con el mayor empeño y ayudará bondadosamente a los otros para que también la atesoren. Puesto que conoce de sobra su propia flaqueza y su imbecilidad –pues de otro modo no podría llamarse ni sabio ni docto siquiera–, recapacite consigo mismo qué gran ultraje inferiría al género humano si no quisiera que otro fuera mejor o más instruido que él. Cicerón extrae de las obras de Platón una sentencia de Sócrates, de quien escribe que tenía costumbre de decir que le parecía consumada y perfecta su obra cuando uno de sus oyentes se sentía movido y acuciado por sus exhortaciones a la afanosa pesquisa de alcanzar y conocer la verdad. Nosotros emplearemos un símil más conocido. Necesita uno de guía todo el tiempo que ignora la senda; pero cuando la puede recorrer por sí mismo, más necesidad tiene de ánimo que de maestro.

Manténganse los formados en letras de humanidad en sabrosa concordia y en buenas y corteses relaciones. Es cosa que no puede ser para nosotros más fea que los ladrones y los rufianes vivan entre sí en más amigable convivencia que los eruditos. Pero aun a los eruditos, género irritable, no faltarán unanimidad ni benevolencia si cultivan las disciplinas que son la base de toda formación humana, con integridad y rectitud de intención, no por la gloria ni por el logro, pues cuando prevalece la codicia de estas cosas, es difícil conservar una sociedad en sosiego.

En los certámenes escolásticos, al que cede y se inclina ante quien posee la razón jamás se le debe calificar de vencido. Este nombre no puede ser más impropio ni puede estar más fuera de lugar que en estos pacíficos simulacros. No hay tal pugna ni son antagonistas los que mantienen opiniones diferentes. Este mote amarguísimo y antipatiquísimo se aplica de manera muy injusta a una práctica gustosa y de suyo llena de benévola apacibilidad. ¿Qué unión puede concebirse más entrañable y más estrecha que la del ánimo y de aquel que lo forma y lo instruye para la prudencia o la virtud? No otra, a fe, que la del campo y la del labrador, de manera que no sin razón son llamados padres espirituales los que ejercen la misión de enseñar. Y lo mismo que pasa con la vista, ocurre con la mente: quien no ve con suficiente claridad, se inclina sin enfado al parecer de quien lo hace mejor que él; aquél tiene la fortuna de poseer unos ojos más penetrantes y sanos, y éste un ingenio naturalmente más perspicaz o más afinado por la práctica, por los años, por la diligencia. ¿Y qué diremos si a veces merece mayor alabanza la animadvertencia o el despierto aviso que la sagacidad instintiva que el ingenio, como ocurre en el hallazgo de una moneda caída al suelo y buscada por muchos?

Pero llámense como se quieran estas colaciones escolásticas: certamen, contienda, lucha, pugna, combate, ya que ese concepto ha penetrado en el lenguaje corriente; yo pido por favor que cada cual pondere cuánto mejor sería desenvolverse y librarse de la tiranía de la ignorancia, que es la más grave y tétrica de las servidumbres. Sabiamente dijo Platón: *En una disputa importa tanto ser vencido como vencer, tanto más cuanto es mejor ser librado de un mal grande que librar de él.* ¿Qué desgracia más mortal puede ocurrirle a un hombre que el profesar una falsa opinión? Aun cuando en el concepto de algunos sea ello más glorioso para el libertador, no cabe duda que es más provechoso para el libertado. Con más gusto y facilidad nos eximiríamos todos de esta plaga maligna de la ignorancia si las disputas fuesen menos espectaculares y no se diera tanta importancia al público que rodea a los polemistas, viéndolas más como una apacible conversación que como una pugna enconada. Y si está bien que esa templanza se observe en toda disciplina, se impone poderosamente en la teología, donde se combate con acérrima impiedad contra las verdades reveladas, y se engendran dudas y escrúpulos en los pechos de los que asisten al apasionado duelo verbal acerca de cosas que deben tenerse por ciertas, fijas, irrebatibles. El demonio, nuestro enemigo mortal, encona, irrita y agiganta esos recelos, y los hombres prestan incautamente sus manos a esa obra disolvente al esforzarse cada uno de los contendientes más en cimentar la fama de su talento que en afirmar la verdad. Hay que ceder ante cualquiera verdad, no ya solamente religiosa y sagrada, sino profana también. Hay que obedecer al precepto del Sabio, que nos manda no contradecir de ninguna manera a la palabra de verdad.

Las críticas bienintencionadas y comedidas son provechosas a toda suerte de estudios si la opinión se manifiesta sin mengua ni daño del afecto, como dice Tácito. No hay en este punto cosa más perjudicial que confundir los signos de los juicios, como en la vida, de las voluntades, de modo que no se sepa lo que cada cual aprueba o reprueba, como ocurre en estos tiempos, cuando tan peligroso resulta hablar de cada uno. Tan irritados están los ánimos y tan proclives a la lucha, que ya la más ligera alusión está expuesta a represalias, aun cuando tú te refirieras a otra cosa. La conciencia enfermiza y blandengue sospecha que es atacada como los caballos ulcerados se encabritan y rezongan al oír el sonido de la rascadera. Debe decirse que fueron muchísimos los que irritaron e incrementaron ese vicio al acosarcon verdadera saña a sus contrincantes, no para poner de manifiesto la verdad, sino para zaherir e infamar el nombre ajeno, empujados por el odio o movidos por la esperanza de una falsa gloria, pensando que así ellos la obtendrían, como si se les pudiera tener por tan bellos y tan distinguidos cuanto feos y viles hubiesen demostrado que eran los otros. Y a muchos les aconteció todo lo contrario de lo que esperaban, pues el candor, aunque sea inerudito, tiene en el concepto de todos su respeto y su alabanza, y la malignidad, por muy docta que sea, obtiene su reproche ineludible.

¿Y qué? En medio de estos odios, ¡qué daño tan grande sufren todas las disciplinas! Esos que tan fieramente riñen, esos capitales enemigos pierden toda autoridad. Desmoralizan a los ingenios más nobles que, asqueados por esas luchas perpetuas, como de gladiadores, con horror se apartan de tales estudios, perdiéndose todo el fruto que de ellos podría prometerse; así, se oscurece la verdad al preferir algunos la corrupción de las letras a su restauración si han de obrarla sus enemigos. ¡Qué maldad tan grande que la elocuencia, el talento y otros maravillosos y soberanos dones que Dios, por su bondad, concedió para el bien de los hombres, conspiren y se perviertan para su perdición! ¡Obrar el mal con los instrumentos del bien, esto no es ni aun de fieras silvestres, cuanto menos de hombres civilizados!¡Cuánto más religiosamente se expresó Quintiliano, que era gentil, que nosotros cristianos! Más les valiera a los tales haber nacido mudos y privados de razón, que trocar para su recíproca destrucción las dádivas de la providencia. ¿Qué importa el arma con que acometes a otro, espada o pluma, si la voluntad de aniquilarle es la misma? Hartas veces produces más daño con la lengua o con la péñola que con el hierro, pues con el hierro no lastimas sino el cuerpo y con la lengua lastimas el alma. Humanidades se llaman esas disciplinas: hágannos, pues, humanos. Nos las dio Dios por su bondad; hágannos buenos. El que envidia a otro lo que Dios le ha concedido con larguez, ¿qué hace, sino desaprobar el inviolable juicio de Dios y condenar la distribución de sus dones? Si bien, ¿qué cosa hay en que pueda nadie quejarse de Dios? ¿No obró contigo con larguez? Ves algunos que están encima de ti; pero dime: ¿a cuántos más ves que están debajo?

Será el varón docto, mesurado y lento en el definir, y, de ninguna manera, pertinaz en el afirmar. Aquello que deba reprobar lo leerá una y otra vez, lo meditará, lo rumiará para no aventurar si lo censura afirmación alguna temeraria. Menos circunspecto querría yo que fuese en la alabanza. Tome todas las precauciones por entender suficientemente lo que condena, no sea que aquel a quien va a señalar con alguna nota infamante tenga más razón a su favor que él mismo contra el supuesto hereje. Más cuerdo sería no emitir veredicto condenatorio, que no que recaiga sobre el mismo juez. Y si yo requiero en el varón letrado esta prudencia y esta bondad de corazón, ¿qué debo yo sentir lógicamente de aquellos que pervierten y falsean lo que está bien dicho para que se piense de ellos que atacan con razón sobrada? Si flexionar en mejor sentido es para muchos piadoso, y utilísimo, no hay duda que será imperdonable bellaquería torcerlo en sentido peor.

Yo mismo vi muchas veces a Adriano Florent –que más tarde fue Sumo Pontífice– cuando no era más que simple deán de Lovaina, interpretar indefectiblemente en en favor suyo durante las disputas públicas cuantas citas aducían los contendientes de cualesquiera autores, y no desdeñarlas nunca, aun cuando fuesen de autores vivos, como de Jacobo Fabro Estapulense o de Erasmo Roterodamo. A los vivos hay que juzgarlos con precaución, y a los muertos con reverencia, porque están ya exentos de la envidia y pasaron al tribunal del Juez inapelable y sufrieron aquel examen que espera a todos, especialmente por lo que toca a su vida y a sus costumbres, pues de sus letras puede juzgarse con alguna mayor libertad. Con una cariñosa deferencia citará a aquellos autores gracias a los cuales hizo algún adelanto y no preferirá, como dice Plinio, ser cogido con el hurto en las manos que devolver el préstamo. En la antigüedad, eran los escritores tan minuciosos y puntuales en dar a cada uno lo suyo, que no hurtaban una sola palabra a su autor. Declaran esto a una voz Platón, Aristóteles, Cicerón, Séneca, Plutarco y otros. En nuestros días, con la mayor naturalidad, se hurtan palabras, sentencias, argumentos enteros y aun descubrimientos y obras, conducta ésta servil y origen de peleas escandalosas entre literatos. ¿Quién hay que sufra que le hurten los siervos, por no decir los hijos? ¡Ojalá la Ley Fania hubiese previsto el plagio en literatura! Y no conviene que se haga distinción por la patria del escritor o la escuela a que se adscribió o el tiempo en que vivió, como aquel incompetente vulgo romano, reprendido por Horacio, que dice de él que se remonta a los fastos y juzga del mérito por la antigüedad, no sin que deje de ser razonable que merezcan autoridad mayor aquellos libros que ya siglos atrás fueron del gusto general y a los cuales añadió consideración y prestigio la unánime y entusiasta aprobación de tantos ingenios, cuyo juicio puede admitirse como definitivo. ¿Y qué más, si embaraza el juicio toda novedad, aún no bien conocida? ¿Y qué más, si hay quien por haber enmendado a un autor en una que otra palabra –o en muchas, si se quiere–, parece estar pidiendo que se le tenga por más docto o que contribuyó con una mayor aportación al esclarecimiento de la materia? Y son muchos los que están poseídos de esa necia presunción, hasta tal punto que si han introducido alguna enmienda en algún autor de primer orden, estiman que es menester que se les ubique por encima de ellos, verbigracia: cuando un escritor primerísimo, por amnesia fugaz o por harto disculpable inadvertencia, falla –pues opina Horacio que a veces el propio Homero dormitaba– o cuando le engaña el conocimiento deficiente del idioma. Erratas éstas que sorprenden los medios conocedores del griego y del latín con muy grande injusticia, quienes nos exigen un conocimiento del latín y del griego, idiomas exóticos, injertados, como apenas lo tuvieron Cicerón o Demóstenes o algún otro de aquellos que mamaron el habla con la leche y que podían cada día utilizar el magisterio del pueblo, que es su árbitro inapelable, y en sus dudas acudir al carpintero de al lado o al zapatero de la esquina.

Si estos censores tan desabridos tuvieran que arrostrar la misma severidad de juicio, creo yo que se mostrarían más blandos con los presuntos reos. No son pocos, ciertamente, los ejemplos de tan injusta rigidez, y no tan antiguos, como este siglo pasado, Lorenzo Valla, Ángel Poliziano, Mancinelli, Beroaldo.

Y no fueron pocos los que produjo nuestra edad, para dejar a un lado en este género las calumnias aquellas de que hablé al tratar de la corrupción de la gramática. No seré yo quien niegue la importancia que reviste subrayar en algunos grandes escritores sus fallos de erudición; pero no es posible establecer paridad entre el que anotó la obra y el que compuso la obra. En el autor de una disciplina determinada se excusarán benignamente los errores en otra, verbigracia: en un teólogo, los de historia, o en un historiador los de filosofía elemental, siempre que cumpla su cometido. Con mucho mayor y más comprensiva bondad perdonaréis las faltas lingüísticas. ¿Nos adheriríamos a una buena sentencia formulada en francés o en español y la rechazaríamos expresada en un latín vicioso? Yo, de acuerdo con Marco Tulio, prefiero una sabiduría balbuciente a una locuaz necedad. Discretamente dice San Agustín que tanto más se ofenden de los barbarismos y los solecismos los hombres cuanto más flacos son, y que son tanto más flacos cuanto más doctos quieren parecer, no por la ciencia de las realidades que edifica, sino de los signos, por la cual no es difícil que el hombre se hinche, siendo así que aun la misma ciencia de realidades yergue la cabeza si no la abaja el yugo del Señor.

Con todo, yo no quiero que los escritores imperitos y sórdidos se engalanen con ese nombre, como si tuvieran realidades porque les faltan palabras. Muy al revés, por un doble crimen deben ser condenados, porque faltos de cosas como estaban, ahuyentaron todo lustre y elegancia de palabras. Si realmente estuvieran en posesión de cosas, sería una memez y una iniquidad entonar queja o disputa por cuestiones de vocabulario. Ello demuestra que son muchas las palabras baldías introducidas por Juan Pico en aquella su famosa epístola a Hermolao. En las escuelas y aun en el transcurso de la vida toda, aun cuando alguno merezca que se le alabe por su talento, por su criterio, por su estudio, por su rica erudición, por sus extensos y variados conocimientos, con todo no conviene que se le alabe por su virtud y religiosidad en su presencia, para no se sienta acariciado y levantado por aquel airecillo liviano de lisonja y pierda en el momento mismo en que se le alaba aquel mismo bien por el que se le ensalzaba; y ni aun estando ausente se le ha de loar, sino con parquedad y aun por las obras que vemos con nuestros propios ojos. San Pablo no quiere que nadie le juzgue o se forme un concepto de él por encima de lo que ve u oye de su boca. El sabio dice que el hombre no sabe si es digno de amor u odio: tiene que esperar al final, pues es el animal más sujeto y dispuesto a la mudanza.

Afectuosas deben ser las relaciones de los letrados entre sí, para que, según la sentencia de San Pablo, ni se juzguen a sí mismos, ni una vez juzgados lleven la crítica con pesadumbre. Esperen, con mejor acuerdo y paciencia el tribunal y el fuero del Señor, santo y justo. El que juzga, procede loca y bellacamente puesto que se anticipa en el juicio al que es su dueño y juez común, al juzgar a un consiervo suyo. Y el juzgado, recuerde aquel pensamiento con que se consolaba San Pablo: *Por lo que a mí toca, muy poco se me da el ser juzgado por vosotros o en cualquier juicio humano*. El Señor es, a fin de cuentas, quien ha de pronunciar respecto de mí la sentencia verdadera y justa. Yo temo esa comparecencia y, hasta donde puedo, me preparo a ella.

III

No faltarán envidiosos de la rica erudición. La lívida envidia ataca con verdoso diente todo lo soberano y hermoso y deja ileso todo lo que es feo y vil. Temístocles, héroe de Atenas, varón de muy agudo ingenio como dieron sus obras a entender, preguntado si le parecía que realizaba ya brillantez y memorables hazañas: *Todavía no* –respondió–, *porque no tengo quien me envidie.* Y si ésta es la ley que a la malicia humana se impuso, resígnese el hombre culto a la suerte común y no lleve a mal que le acontezca lo que a todos, ni se empeñe en impetrar de Dios lo que no consiguió de su Eterno Padre su Único Hijo, entre todos el más amado, a saber: que en su paso por el mundo no le faltasen calumniadores y hombres de mala fe que tomasen en el peor de los sentidos sus obras divinas. ¿Y quiere el esclavo bellaco eximirse en casa ajena de esta ley a la que en su propia casa estuvo obligado el hijo amado? A pesar de todo, no se ha de dejar de hacer el bien a causa de los envidiosos y malévolos. Oíd el discurso de Sócrates tal como lo transcribe Platón en su *Apología*: *Ciudadanos de Atenas, si en este supremo trance me concedierais la vida con la condición de no dedicarme más a la investigación de la sabiduría, os lo agradeciera, y con todo el amor que os tengo, el propósito firme de obedecer antes a Dios que a vosotros: todo el tiempo que viviré y tendré salud, no cesaré de filosofar y de exhortar a la virtud a cada uno de vosotros.*

Y dado que quien acarrea cultura abriga el natural deseo de aprovechar con ello, no sólo a los hombres presentes con quienes vive y contemporiza, sino también a los ausentes y a los venideros, consignará por escrito sus ideas en monumentos literarios para su duración y supervivencia. Comience por conocerse a sí mismo y medir sus fuerzas; para qué materias sirve; para qué tipo de composición tiene aptitudes. Los más idóneos para transmitir a la posteridad los partos de su ingenio son los que, dotados de agudeza y lozanía de juicio, son muy diestros para las conjeturas. Aquellos otros que valen no más que por su diligencia y no por su ingenio, tomen sobre sus hombros materias que precisan diligencia, no penetración. Se abstendrán así de la oratoria, de la historia, sobre todo de aquella en que andan mezclados discursos y arengas, de la filosofía elemental, de la ética. Redactarán avisos, anécdotas, anales desnudos; enmendarán lecciones defectuosas comparando unos códices con otros, como hizo Valerio Probo, pero no aventurando ninguna conjetura personal, porque esto es de la incumbencia del criterio. Tampoco es tarea suya reunir gran copia de datos y hacer crítica exacta y juiciosa. Esta es la razón por la que los que sin dejar pasar nada, leen mucho, oyen mucho, escriben y reúnen mucho, se privan casi por completo del juicio, que es uno de los principales bienes de la vida. Hay que conceder al estudio alguna recreación, porque es más penetrante y certero el juicio del espíritu no cansado. Carreras, saltos, en fin, toda suerte de trabajo físico tienen más energía y validez realizados tras una alternativa de reposo. Quien tiene que escribir, ha de leer mucho, ha de meditar, ha de escribir y borrar mucho y luego publicar una muy pequeña parte. Si no me engaño, me parece buena esta proporción: la lectura sea como de cinco; la meditación, como de cuatro; la escritura, como de tres, que luego la lima reducirá a dos y de este dos, sacar a la luz pública uno. Esta empresa de importancia capital debe uno afrontarla con el pecho más sosegado y exento de pasiones que cualquier otra, tras haber pedido a Dios venia y paz. Recordará que la voz luego al punto se extingue y que de muy pocos es oída, y que la escritura se da a conocer de todos y para siempre, y que por ello nunca deja de dañar lo que en ella haya de malo. No empuñarán la péñola mientras les haga temblar la mano la ira, el odio, el miedo, la ambición o cualquier otra pasión desordenada. Si no pueden librarse de ella, dejen la pluma cuanto antes, no sea que alguna filtración del ánimo intoxicado pase a la obra, como de su misma fuente. Tras escribirla, se ha de mostrar a aquellos en quienes confiamos que nos pueden bien aconsejar y escucharemos sus advertencias con atención y paciencia; las sopesaremos tranquilamente y corregiremos lo que nos parezca que mejorará con la enmienda. ¡Cuánto más vale ser advertido a solas por un amigo que afeado en público por un enemigo!

Con todo, existen determinados descubrimientos que mejor podrá arbitrar y juzgar su autor que cualquier otro crítico. Mientras esté en proceso de parto, no se deje llevar por el cariño de la nonata criatura, pues este prematuro enamoramiento debilita muchísimo la facultad de juzgar, y mucho daña el amar antes de conocer. Eso lo hacen los padres con sus hijos, que antes de haber nacido ya les aman, de manera que no puedan juzgarles cuando lo han hecho. Por eso conviene seguir aquel consejo de Quintiliano, a saber: por algún tiempo aparte la obra terminada, y vuelva luego a ella cuando se haya enfriado el ardor de la creación, convertido el autor en lector desapasionado y ajeno; ganará mucho el juicio con esa dilación y con la comparación de sí mismo con otros. Tras cumplir estos pasos, si la obra le sigue agradando, puede el autor concebir legítimas y fundadas esperanzas de que agrade a otros.

Por lo que respecta a la publicación, téngase presente aquel versillo de Horacio que aconseja que no se precipite la edición y guárdese la obra durante nueve años. De los dos extremos que reúne este consejo, es cuerdo el primero; el segundo no me lo parece tanto. Siendo tanta la brevedad de la vida, se me antojan demasiados nueve años para madurar un parto, aparte de que no puede establecerse una norma general por razón de la variedad de los ingenios y de las obras literarias. Bastará con que quede advertida la prudencia de cada cual para no echar al mundo un alumbramiento prematuro.

Concebido cualquier empeño, es menester que antes de que se fije un criterio se estudien con atención, sagacidad y detenimiento las circunstancias todas, cosa que no dejan hacer las determinaciones repentinas, porque se llevan arrebatada la intensidad de la mente, la fijan en un solo punto y le imposibilitan abarcar la totalidad. Así es como cae en yerros el escritor, y una vez engañado, arrastra a los mismos yerros a quienes se confiaron a su fe; y también porque lo que acaso una vez le salió torcido, si de ello se le advierte, él lo toma con desazón y lo defiende con tenacidad, porque no se le crea equivocado. De ahí se originan los fanatismos, feracísimo vivero de peleas. Si, por el contrario, él mismo espontáneamente reconoce su error, no lo enmienda con sencilla franqueza, sino de una manera perpleja y ambigua, más cuidadoso de la fama que de la exactitud. De ahí las ediciones tocadas y retocadas tantas veces que, pasado algún tiempo, no se sabe cuál fue la primera, la segunda o la tercera, ni cuándo se detuvo el pensamiento del autor. No se me escapa que determinadas obras necesariamente deben publicarse cuanto antes. De este género es la narración de un hecho histórico que afecta a gran número de personas vivas, las que tienen por objeto combatir una opinión perjudicial a la comunidad o las que se componen para defendernos ante calumniosas imputaciones. Para esas, bastará con que hayan sido meditadas y escritas con probidad y diligencia, pues las circunstancias no permiten dilación y las que tienen ese carácter no deben ser precipitadas, sino pensadas con detenimiento. No faltan obras que el cuidado excesivo no mejora, sino que estraga, pues existen ingenios de viveza tan impetuosa, que mejor quedan sus obras medio crudas que recocidas.

Aquellos puntos que, después de la publicación, le parezcan al autor que no están expresados con la debida exactitud, corríjalos llanamente, claramente, francamente, más atento al lustre de la verdad que al de su propio nombre, sin recelar que por ello pierda un adarme de su reputación. ¿Quién hay que esté tan ayuno e ignorante de lo que son las obras de los hombres que no sepa que aun los más descollados y sabios autores con el tiempo y con el estudio se aquilatan y mejoran? ¿Seré yo quien creeré que un escritor de excelente ingenio no consiguió más conocimientos de viejo que de mozo? Apático es, sin duda, y muy pobre aquel ingenio al cual el día de hoy no le trajo mayor contribución que el día de ayer.

Si los libros que nuestro autor ha compuesto ya estuvieran publicados y hubiesen tenido la fortuna de alcanzar buena difusión, lo más cuerdo será componer otro de enmiendas y retractaciones siguiendo el ejemplo de San Agustín; o, si estima necesaria alguna añadidura, dé a luz una segunda edición, como hizo Severino Boecio. Pero si la obra no contiene dogmas o no estuviera muy difundido, le estará permitido aquello que dice el poeta: volver al yunque los versos mal rodados y rehacer la obra o hacerla de nuevo, si el asunto lo exige. Si por algún otro fuese corregido, reconozca el buen servicio y se lo agradezca públicamente, porque la verdad, bajo cuyas banderas debemos militar, no es propiedad exclusiva de uno solo, sino común de la colectividad. Y si fuese tu contrincante quien tuviera la suerte de atinar con ella, no debes llevarlo con desabrimiento, al contrario, debes darle el parabién por el suceso halagüeño, del cual te cabe también a ti alguna parte. No hay duda, y, en efecto, así es, que los que pelean por la verdad con pureza de intención están aunados de tal espíritu que sea quien fuere el que lo halló, la abrazan efusivamente; pero los que lo hacen por sus personales descubrimientos, es decir, por su crédito y por su gloria, estos defienden todo cuanto salió de ellos con un denuedo parejo al que deberían poner en la defensa de sus altares y de sus hogares. Temperamentos análogos los hay muchísimos en todas las disciplinas, pero de una manera especial en aquellas artes que se ocupan del lenguaje, verbigracia, la gramática, la retórica, la poética y la que tan estrecha relación guarda con ellas, la filología. Primeramente, porque la pericia verbal, como agudamente observó San Agustín, acostumbra a hinchar mucho. Después, porque sus obras parecen ser más creaciones y productos de su caletre, que las que escriben los filósofos o los teólogos. El orador produce su oración; el poeta, su poema; pero no producen la verdad ni el filósofo ni el teólogo, sino la naturaleza. Ello hace que el filósofo veraz piense que la contradicción de su sentir es más una injuria a la naturaleza que a su persona. Quien especula con la falsedad, lleva la contradicción con más agrio desabrimiento que quien afirma la verdad, pues a la verdad nadie la engendra, mientras que la falsedad es un engendro del propio mentiroso. Quien afirma la verdad, confía la defensa de lo que dice a la naturaleza, al tiempo, a Dios. Quien afirma la falsedad, la defiende por su cuenta.

Únase a ello el hecho de que las palabras son como el haz y la superficie visible; mientras que su sentido refleja su interior, como la salud, la mente. Con más vivo enojo reciben los que se precian de hermosos que se critiquen su cutis o su perfil, que los buenos su virtud, y con más prontitud y de mejor gana excusará el bueno que se le tache de malo, que no el hermoso que se le motejé de feo. Aquello que no se relaciona con las costumbres cuéstanos mucho acomodarlo al humor o al juicio ajeno; pero en aquellas materias que pueden hacer a los hombres mejores o peores conviene que haya algunos censores con la misión de examinar los libros, que sean varones que por su criterio, por su saber, por su honradez, merezcan la consideración y el respeto de todo el pueblo.